Liebe/-r

_____

Alles Gute
zur Firmung von

_____

Träume nicht dein Leben.

Lebe deinen Traum.

Dale Carnegie

Wir Menschen
schauen nur auf das Äußere,
aber Gott sieht auf das Herz.

Nach 1. Samuel 16,7

Du hast meinen Füßen
freien Raum geschenkt.

Nach Psalm 31,9

Die wichtigste Stunde
ist immer die Gegenwart,
der bedeutendste Mensch
ist immer der, der dir
gerade gegenübersteht,
das notwendigste Werk
ist stets die Liebe.

Meister Eckehart

Folge deinem Herzen,
es kennt den Weg.

Den größten Fehler,
den man im Leben machen kann,
ist immer Angst zu haben,
einen Fehler zu begehen.

Dietrich Bonhoeffer

Wo bist du?   ... **HIER**

Wie spät ist es?   ... **JETZT**

Was bist du?   ... **DIESER MOMENT**

Glaube

Gemeinsam

Lebendig

Authentisch

Unbeirrt

Bewegend

Erkennend

Glaube an dich,
an deine Fähigkeiten
und an das Glück
in deinem Leben.

Die Liebe erträgt alles,
glaubt alles, hofft alles.
Sie hält allem stand.
Die Liebe hört niemals auf.

Nach 1. Korinther 13,7-8a

Wo Liebe ist, da ist Leben.

Mahatma Gandhi

Denn bei Gott ist nichts unmöglich.

Nach Lukas 1,37

Mit meinem Gott
überspringe ich Mauern.

Nach Psalm 18,30

Die ganze Welt ist voller Wunder.

Martin Luther

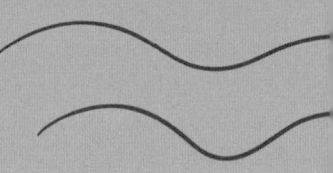

Man muss etwas Neues machen,
um etwas Neues zu sehen.

Georg Christoph Lichtenberg

Ihr seht und sagt:

Warum?

Aber ich träume und sage:

Warum nicht?

George Bernard Shaw

Träume dir dein Leben schön
und mach aus diesen Träumen
eine Realität.

Marie Curie

Die Sonne scheint
für dich – deinetwegen;
und wenn sie müde wird,
beginnt der Mond
und dann werden
die Sterne angezündet.

Søren Kierkegaard

Hoffnung

Hell

Offen

Frei

Fröhlich

Nachdenklich

Unantastbar

Natürlich

Grenzenlos

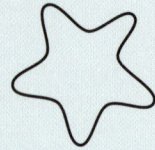

Ideale sind wie Sterne.
Man kann sie nicht erreichen,
aber man kann sich an ihnen orientieren.

Carl Schurz

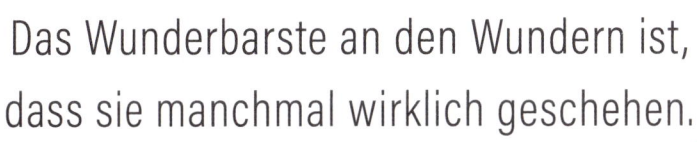

Das Wunderbarste an den Wundern ist,
dass sie manchmal wirklich geschehen.

Gilbert Keith Chesterton

Achte auf deine Gedanken!
Sie sind der Anfang deiner Taten.

Chinesische Weisheit

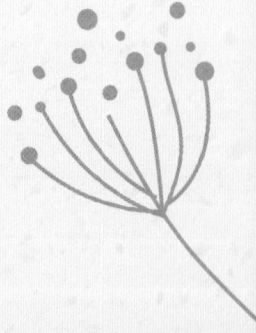

Seid aufmerksam,
glaubt und vertraut!
Seid mutig und seid stark!

Nach 1. Korinther 16,13

Freue dich,
soviel du kannst;
Freude macht stark.

Dietrich Bonhoeffer

Wenn du nicht fliegen kannst, dann renne.
Wenn du nicht rennen kannst, laufe.
Wenn du nicht laufen kannst, krieche.
Aber was immer du tust -
du musst dich weiter bewegen.

Martin Luther King

Gott
segne dich
und behüte dich;

Gott
leuchte über dir
und sei dir gnädig;

Gott
schaue auf dich
und gebe dir Frieden.